Katja Habicht

Jeden Tag Gottes Hilfe erleben

mit Illustrationen von

Heike Schweinberger

Medien mit Nährwert.
BOAS media

Umschlag- und Innenillustrationen: Heike Schweinberger
Umschlaggestaltung und Satz: DTP-MEDIEN GmbH, Haiger

2. Auflage 2024

ISBN 978-3-942258-26-5
Art.-Nr. 176.826

www.boas-media.de

Inhaltsverzeichnis

Jeder hat mal Angst

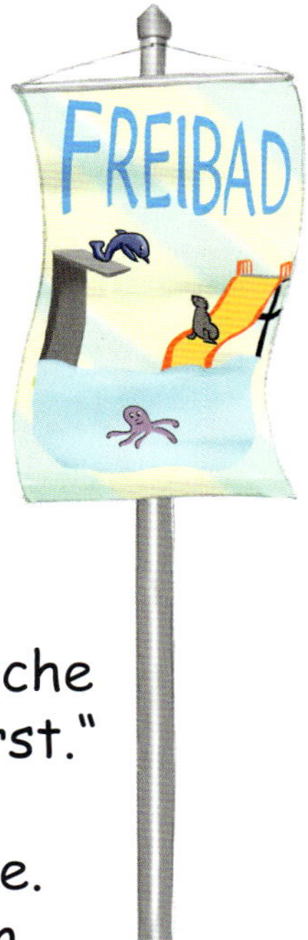

„Die ist ja viel zu klein", murmelt Mattis, während er die Sachen fürs Freibad in seine Sporttasche stopft: Handtuch, Bademantel, Wasserball, Ersatzkleidung, Federballspiel und Taschengeld für ein Eis. „Puh, wenigstens habe ich die Badehose schon an."

Da ruft Mama: „Nimm bitte eine Flasche Wasser mit, du bekommst sicher Durst."

Mattis schaut ratlos auf seine Tasche. Wie soll das denn gehen? – Doch dann entscheidet er: Das Federballspiel bleibt zu Hause, der Wasserball kommt unter den Arm und die Flasche in die Sporttasche.

Endlich kann es losgehen und schon bald kommen sie am Freibad an. Mama bezahlt den Eintritt, dann stürmt Mattis hinein.

„Da drüben sind Henry und Luise!" Er flitzt über die Wiese zu seinen Freunden. „Hallo", schnauft er. „Wart ihr schon im Wasser?"

Luise lacht. „Nein, wir sind auch gerade erst angekommen."

Mama breitet eine Decke auf der Liegewiese aus. „Wir sollten zuerst den Herrn Jesus um seinen Schutz bitten“, sagt sie und betet mit den drei Kindern.

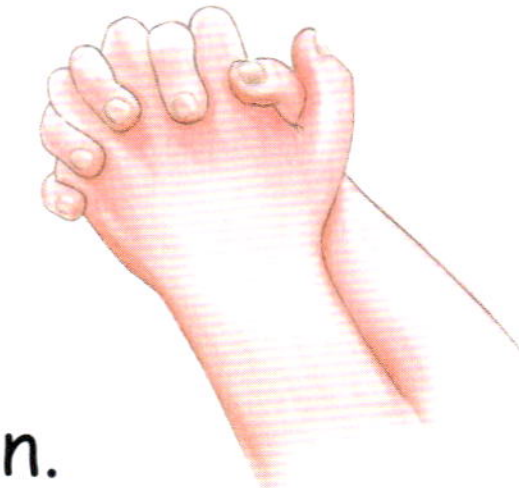

„Jetzt könnt ihr ins Wasser gehen. Von hier aus habe ich euch gut im Blick. – Henry und Luise, dürft ihr schon ins tiefe Becken?“

Die beiden nicken. „Ja, wir können schon richtig gut schwimmen“, antwortet Luise.

„Hey, ihr seid ja auch da“, ruft plötzlich jemand.

Mattis dreht sich um. „Hallo Timo.“ Er winkt dem Nachbarsjungen, der mit einer Taucherbrille auf dem Kopf am Beckenrand sitzt.

Mattis, Henry und Luise stürmen die Treppe hinunter, die ins Wasser führt. Puh, das Wasser ist kalt. Luise quiekt, als sie sich hineinfallen lässt. Vergnügt spritzen sie sich gegenseitig nass und werfen sich den Wasserball über die Köpfe hinweg zu.

Dabei schaut Mattis immer wieder zu den Kindern hinüber, die von der großen Rutsche ins Wasser plumpsen. Das scheint ihnen Spaß zu machen, denn er hört sie quieken und lachen.

So gerne würde Mattis auch einmal rutschen, aber – er traut sich nicht. Er ist noch nie auf so einer großen Schwimmbadrutsche gerutscht. Mattis hat einfach Angst.

Da wirft Henry den Wasserball auf die Wiese und ruft: „Wollen wir rutschen?"

Luise wischt sich die nassen Haare aus dem Gesicht. „Au ja!"

Und Mattis? „Davor habe ich Angst", sagt er leise. „Ich gucke zu." Als die anderen beiden zur Rutsche laufen, setzt er sich neben Timo an den Beckenrand. „Bist du schon gerutscht?"

Timo wird rot im Gesicht. „Ja, klar, schon ganz oft."

Henry und Luise winken, während sie rutschen, und Mattis sieht, wie viel Spaß sie haben. Er staunt, dass auch Luise, die sogar Angst vor Hundebabys hat, ganz allein rutscht.

Prustend kommt sie angeschwommen. „Komm, Mattis, wir helfen dir. Du brauchst keine Angst zu haben. Wir rutschen einfach zusammen."

Mattis beißt sich auf die Unterlippe. „Herr Jesus", betet er, „ich möchte auch gerne mutig sein. Bitte gib mir Mut." Dann sagt er zu Luise: „Okay, wenn ihr mir helft. – Timo, willst du mitkommen?"

Doch Timo schüttelt heftig den Kopf.

Mattis findet das komisch. „Sag mal, hast du vielleicht auch Angst?"

Der Nachbarsjunge verzieht das Gesicht. „Waaas? Was denkst du denn?" Wieder wird er rot. „Ich – will einfach nicht rutschen, weil ... Heute bin ich schon ganz oft gerutscht. Und – jetzt ist es eben genug."

„Komisch", denkt Mattis, „ich habe Timo noch kein einziges Mal auf der Rutsche gesehen."

Da flüstert Luise ihm ins Ohr:

„Also, wenn du mich fragst, lügt Timo. Ich glaube, er hat auch Angst, will es aber nicht zugeben." Und zu Timo sagt sie: „Falls du dich nicht allein traust, ist das nicht schlimm. Wir helfen dir."

Timo scheint zu überlegen, doch dann sagt er: „Pfh, ich hab keine Angst. Vor so einer Babyrutsche? Nee, lasst mich einfach."

Mattis kann ihm nun auch nicht mehr glauben. Zusammen mit Luise läuft er zur Rutsche.

Henry wartet schon. „Hey, da seid ihr ja."

Mit pochendem Herzen klettert Mattis die Leiter hoch.

Oben angekommen setzt sich Henry nach rechts und Luise nach links. „Mattis, komm hierher." Henry deutet in die Mitte. „Wir halten uns an den Händen."

Zögernd setzt Mattis sich zwischen die beiden und hält ihre Hände fest umklammert.

„Und – los!“, ruft Henry.

Hui – das ist schnell. Alle drei platschen ins Wasser, kommen aber sofort wieder hoch.

„Wow, das war toll!", prustet Mattis. „Danke!" Lachend winkt er Mama zu.

Immer wieder rutscht Mattis nun mit seinen Freunden. Irgendwann zittern sie vor Kälte, flitzen zu Mama auf die Decke und kuscheln sich in ihre Bademäntel.

Nachdem die Sonne ihn wieder aufgewärmt hat, fragt Mattis: „Mama, dürfen wir uns ein Eis kaufen?"

Als Mama nickt, steckt sich jeder von ihnen einen Euro in die Bademanteltasche. Dann laufen die drei zum Kiosk.

„Ich kaufe mir das da!" Mattis deutet auf das Eisplakat am Kiosk und leckt sich die Lippen. Sein Wunsch-Eis hat eine Schokoladenmütze und bunte Schokobonbons.

Luise tippt ihn an. „Guck mal, das kostet zwei Euro. So viel hast du gar nicht dabei."

Mattis überlegt, ob er zu Mama laufen und sie um mehr Geld bitten soll.

Da schreit die Frau im Kiosk plötzlich: „Ihhh, eine Maus!“, und springt auf einen Hocker.

Luise versteckt sich hinter Henry. Sie hat wohl auch Angst vor Mäusen.

Mattis stellt sich auf die Zehenspitzen und schaut durch das Kioskfenster. „Oooch, die ist ja süß.“

„Süüüß?“ Die Verkäuferin wischt sich über die Stirn. „Kannst ... kannst du die da wegholen?“

„Na klar!“ Mattis geht in den kleinen Verkaufsraum. Das Mäuschen sitzt hinter einem Eimer mit Senf und scheint von dem Lärm verängstigt zu sein. Wie ein Indianer schleicht Mattis sich an und – schwupp hat er das Mäuschen gefangen. Vorsichtig trägt er es hinaus. „Du brauchst keine Angst zu haben“, flüstert er. „Ich tu dir nichts.“ Er setzt das Mäuschen hinter dem Zaun des Freibades ab. Husch-husch, weg ist es.

Mattis geht zum Kiosk zurück. „Ähm, Sie können wieder runterkommen", ruft er der Frau zu, die immer noch auf dem Hocker steht. „Die Maus ist weg."

„Ach ja – natürlich." Die Verkäuferin kratzt sich am Kopf. „Du glaubst ja nicht, was für eine Angst ich vor Mäusen habe. Vielen Dank, das war echt mutig von dir."

Mattis wird es ganz warm innen drin.

„Was wolltest du denn kaufen?" Die Frau kommt an die Verkaufstheke. „Sag es ruhig, ich schenke es dir. Als Belohnung."

Mattis strahlt und grübelt gleichzeitig: Ob er sich das Eis mit den Schokobonbons aussuchen darf? Oder ist das zu teuer? Zaghaft deutet er auf das Eisplakat.

Die Frau lacht und greift in die Eistruhe. „Hier bitte – drei Stück. Für dich und deine Freunde."

„Danke!", sagen Mattis, Henry und Luise wie aus einem Mund und flitzen zurück zu Mama. Dort erzählt Henry, wie mutig Mattis war.

Mama lächelt, während sie Mattis' Hände sauber wischt. „Das hast du gut gemacht. Wie ihr seht, ist es besser, zuzugeben, wenn man Angst hat. Denn dann können andere uns helfen und wir werden wieder froh."

„Außerdem!", sagt Mattis und packt sein Eis aus. „Jeder hat mal Angst und jeder ist mal mutig. Angst zu haben ist gar nicht schlimm." Während er an seinem Schokobonbon-Eis schleckt, beobachtet er Timo, der immer noch traurig am Beckenrand sitzt. Im Stillen betet Mattis: „Herr Jesus, zeig mir bitte, wie ich Timo helfen kann. Danke für meine Freunde und dass du mir heute Mut geschenkt hast."

Greta und die Erdbeer-Pickel

„Mama, weißt du was?", sagt Greta beim Mittagessen. „Seit heute ist ein neues Mädchen in meiner Klasse. Sie heißt Miriam. Aber in der Pause wollte niemand mit ihr spielen. Alle wollten mit mir spielen – zum Glück!"

Während Greta erzählt, holt Mama den Nachtisch: Erdbeeren mit Sahne. Nur für Greta gibt es Himbeeren, denn Greta hat eine Erdbeerallergie – sagt Mama. Als sie klein war, hat sie davon Ausschlag bekommen – sagt Mama. Aber Greta kann sich nicht mehr daran erinnern.

„Hast du denn mit dem neuen Mädchen gespielt?", fragt Mama.

„Neee, natürlich nicht."
Greta nimmt sich noch mehr Nachtisch. „Dann wollen die anderen vielleicht auch nicht mehr mit mir spielen. – Mama, das Mädchen sieht echt komisch aus. Sie hat so einen großen roten Fleck im Gesicht. Deshalb spielt auch keiner mit ihr."

„Was hat das denn mit ihrem Gesicht zu tun?“ Mama runzelt die Stirn. „Ich finde, du solltest nett zu ihr sein.“

Greta verdreht die Augen. Sie ist nicht überzeugt, sagt aber nichts mehr.

Nach dem Essen lernt Greta für die Sachkunde-Arbeit, die sie morgen schreiben. Und als das geschafft ist, geht sie zu Oma und hilft ihr im Garten. Das heißt: Oma hackt die Beete auf und Greta sitzt im Gras und nascht Heidelbeeren von den Büschen.

Doch die Erdbeeren sehen auch lecker aus. „Ach, nur ein paar schaden bestimmt nicht", murmelt Greta.

Und als Oma gerade nicht hinguckt, lässt sie schwuppdiwupp ein paar Erdbeeren in ihrem Mund verschwinden. „Hhm – so lecker!" Sie schaut sich ihre Arme und Beine genau an. „Na also, es passiert doch gar nichts."

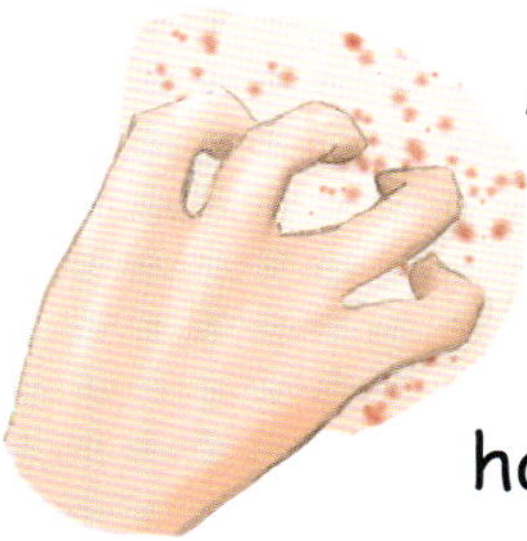

Als Greta am nächsten Morgen aufwacht, juckt ihr Gesicht. Sie will sich kratzen, aber die Haut fühlt sich pickelig an. – Oh nein, haben die Erdbeeren etwa doch ...?

Sie hopst aus dem Bett und läuft zum Spiegel. „Boah! – Mama! – Komm schnell!"

„Ach, du liebe Güte,

hast du die Windpocken?“ Mama sieht sie mit großen Augen an.

Greta schluckt. „Bekommt man Windpocken, wenn man Erdbeeren gegessen hat?“

„Ach, nein, Greta – wirklich?“ Mama stöhnt. „Du hast Erdbeeren gegessen?“

Schuldbewusst nickt Greta. „Aber nur ganz wenige.“

„Dann sind es keine Windpocken. Der Ausschlag kommt von den Erdbeeren. Du weißt doch, dass du sie nicht essen darfst.“

„Jaaa ... Jetzt weiß ich es wirklich.“ Greta ist zum Weinen zumute. „Was ist, wenn das nie wieder weggeht?“

Mama drückt sie an sich. „Keine Sorge, das geht wieder weg. Ich habe für solche Fälle eine Medizin im Schrank. Schon morgen ist das sicher wieder besser.“

„Erst morgen? So lange?“ Greta huscht wieder unter die Bettdecke. „Dann bleibe ich heute zu Hause. Mit einem Erdbeer-Pickelgesicht gehe ich nicht in die Schule!"

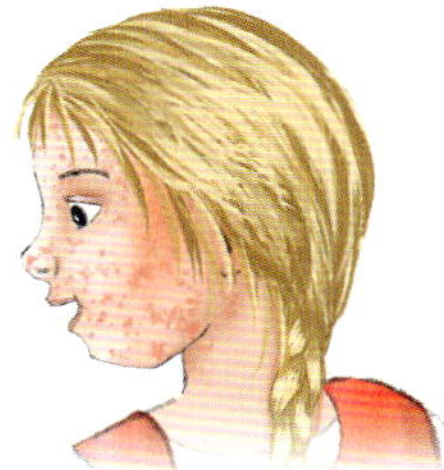

Doch Mama schüttelt den Kopf. „Das ist nicht ansteckend. Also kannst du zur Schule gehen. Und ihr schreibt heute die Sachkunde-Arbeit, das ist wichtig."

„Aber Mama ..."

Mama hebt die Hand. „Du machst dich jetzt fertig für die Schule. Und beeil dich, es ist schon spät."

Widerwillig zieht Greta sich an und noch widerwilliger schlurft sie zur Schule.

Als sie in den Klassenraum kommt, starren die Kinder sie an. „O Mann, was hast du denn im Gesicht?", ruft Tim. „Das ist ja eklig."

Und Nele verzieht das Gesicht, als hätte sie Zahnschmerzen. „Geht das wieder weg?"

Greta nickt nur und rutscht auf ihren Platz.

Ihr gegenüber sitzt Miriam, die neue Schülerin. Sie lächelt kurz und packt dann ihr Mäppchen aus.

Greta schluckt. „So fühlt es sich also an, wenn man anders aussieht", denkt sie und kratzt sich im Gesicht. Unauffällig schaut sie auf den roten Fleck in Miriams Gesicht. „Wenn mein Pickelgesicht für immer bleiben würde, wäre ich echt froh, wenn ich trotzdem Freunde hätte."

Greta erinnert sich daran, was Mama gesagt hat. Und als Miriam zu ihr herschaut, lächelt Greta sie an.

In der Pause geht Greta aufs Klo und schaut in den Spiegel. „Oh, ein Glück!" Sie sieht sich um und entdeckt Nele. „Ich glaube, auf der Nase sind die Erdbeer-Pickel schon weniger geworden – was meinst du, Nele?"

Ihre Klassenkameradin schaut sie prüfend an. „Na ja. – Also ... Vielleicht ein ganz kleines bisschen."

Greta will sich ihre Freude nicht verderben lassen. „Wollen wir zusammen mit Miriam spielen? Es ist doch egal, wie sie aussieht. Ich sehe heute auch komisch aus. Na und? Das heißt ja nicht, dass ich plötzlich seltsam bin. Und vielleicht ist Miriam ja auch nett."

„Naaa gut", sagt Nele und die beiden gehen auf den Pausenhof.

„Da bist du ja, Nele", ruft Tim. „Wollen wir Fangen spielen? – Oder was anderes?"

„Nur wenn Greta auch mitspielen darf", antwortet Nele.

„Hm." Tim schüttelt sich. „Die ekligen Pickel ..."

„... stören überhaupt nicht." Greta sieht sich um.

An der Hauswand steht Miriam – ganz allein.

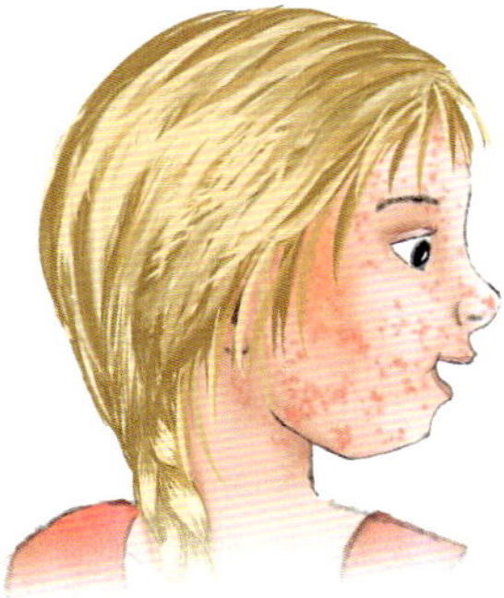

„Miriam, willst du mitspielen?“, ruft Greta.

Tim verzieht das Gesicht, bleibt aber trotzdem bei den Mädchen stehen.

Miriam kommt näher. „Wir könnten Sprungball spielen.“

„Kenn ich nicht“, brummt Tim.

„Ich auch nicht.“ Nele zuckt mit den Schultern.

„Das ist ganz einfach.“ Miriam nimmt einen Ball aus der Spielkiste. „Drei stellen sich außen hin und einer in die Mitte. Die drei, die außen stehen, rollen sich, so schnell sie können, den Ball zu. Der in der Mitte muss, wenn der Ball vorbeikommt, schnell drüberspringen. Wenn das nicht klappt, wird gewechselt und ein anderer geht in die Mitte.“

Tim rollt mit den Augen. Doch als sie eine Weile spielen, will er gar nicht mehr aufhören. „Das macht Spaß!", schnauft er. „Woher kennst du das?"

„Ich gehe donnerstags zum Kindertreff", antwortet Miriam. „Da machen wir immer tolle Spiele. Und danach hören wir Geschichten aus der Bibel."

„Hört sich gut an", sagt Greta und legt den Ball zurück. Dann flitzen sie zum Klassenraum, denn jetzt wird die Sachkunde-Arbeit geschrieben.

In der nächsten kurzen Pause bleibt Miriam an ihrem Platz sitzen und malt. Greta schaut neugierig zu. Auch Tim und Nele kommen herbei.

„Wen malst du denn da?" Nele deutet auf das Bild.

„Das ist für den nächsten Kindertreff", erklärt Miriam. „Der hier ist der König Saul."

„Der sieht richtig gut aus", murmelt Tim. „Und groß ist er! – Wie ein mächtiger König."

Miriam nickt. „Der sah auch gut aus. Aber leider war er kein guter König, denn er hatte Gott nicht lieb. Darum hat Gott einen besseren König gesucht, einen, der ihn lieb hat und ihm gehorcht."

„Und hat er einen gefunden? Wo denn?", will Greta wissen.

Tim stupst sie an. „Na, wahrscheinlich in einem tollen Palast. Stimmt's, Miriam?"

Doch Miriam schüttelt den Kopf. „Nein, ganz woanders. Bei den Schafen auf der Weide." Sie deutet auf den kleinen Jungen auf ihrem Bild. „Das ist der Hirtenjunge David. Er konnte keine besonderen Dinge und war auch nicht so groß und schön wie König Saul. Aber …"

„Jetzt sag nicht, dass der König geworden ist", ruft Nele.

„Doch!" Miriam lacht. „David wurde sogar ein richtig guter König, denn er hatte Gott lieb – und das ist das Wichtigste. Es war egal, wie David aussah. Gott sagte nicht: ‚Den mag ich nicht, weil er so klein ist.' Gott liebt alle Menschen gleich."

„Vielleicht ist das hier in der Klasse so wie bei dem Hirtenjungen", überlegt Greta. „Miriam sieht anders aus. Aber sie ist richtig nett und man kann toll mit ihr spielen. Und bestimmt kennt sie noch mehr spannende Geschichten aus diesem Kindertreff." Wieder kratzt sie an ihren Erdbeer-Pickeln. „Ab jetzt will ich nicht mehr darauf gucken, wie jemand aussieht, denn das ist wirklich piepegal."

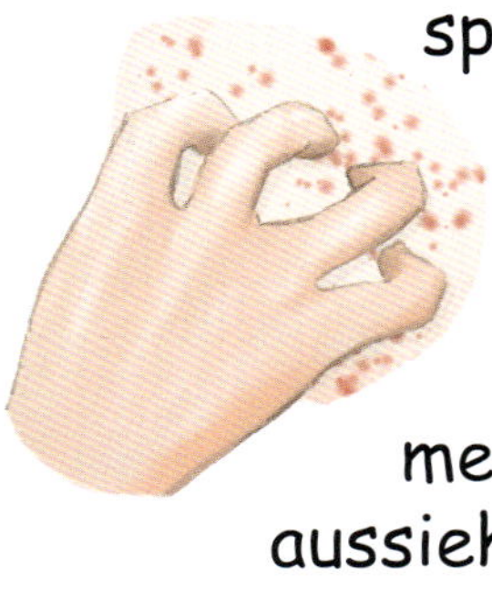

Wie soll das denn gehen?

Benny pustet in den Blasring und die glänzenden Seifenblasen fliegen durch die Luft. Trotzdem mault er: „Allein ist das langweilig", und steckt das Seifenblasenspiel in die Hosentasche.

Dann kickt er ein bisschen mit dem Fußball herum, doch auch das macht ihm allein keinen Spaß. Obwohl die Ferien gerade erst angefangen haben, weiß Benny schon nicht mehr, was er spielen soll.

„Miau." – Was war das? – „Miau."

Benny schaut zwischen die Büsche. Da – ein putziges Kätzchen tapst heraus und schaut ihn neugierig an. Es ist gar nicht scheu und lässt sich sogar streicheln.

„Oh, du hast ja gar keine Angst." Sanft krault Benny das weiche Fell. Dabei sieht er sich um. „Wem gehörst du denn?"

Weit und breit ist niemand zu sehen.

„Gehörst du vielleicht – niemandem?“ Bennys Herz schlägt schneller. „Dann kannst du ja bei mir wohnen!“

Das Kätzchen macht „Miau“, und Benny deutet das als Ja.

„Du brauchst natürlich einen Namen. – Au ja! Ich nenne dich Krümel. Weil du so klein bist.“

In diesem Moment kommt Mama vom Einkaufen, mit beiden Händen trägt sie vollgepackte Taschen.

Sofort springt Benny auf sie zu. „Mama, das Kätzchen will bei mir bleiben. Es heißt Krümel. Darf ich es behalten? Bitte!“

Mama stellt die Taschen ab und wischt sich über die Stirn. „Ach, Benny, du kannst doch nicht einfach eine fremde Katze behalten. Sicher gehört sie jemandem. Sieh nur!“ Sie deutet auf den Gehweg. „Sie läuft schon weiter. Bestimmt geht sie nach Hause.“

Benny will hinterher, doch Mama hält ihn fest. „Stopp! Erst hilfst du mir mit den Einkäufen – dann die Katze.“

Brummig schleppt Benny eine schwere Einkaufstasche ins Haus. Schnell stellt er sie ab und rennt wieder hinaus. Doch Krümel ist weg.

„Ach, menno!“ Benny schaut nach rechts und links. – Nichts. „Krümel, wo bist du?“

Doch das Kätzchen kommt nicht zurück.

Mit hängenden Schultern geht Benny wieder hinein. „Mama, darf ich die Straße entlanglaufen und Krümel suchen?“

„Na gut“, antwortet Mama. „Aber wir können die Katze nicht behalten.“

Benny stürmt in den Garten und rennt ums Haus. - Nichts.

Weiter über den Gehweg die Straße entlang. - Auch nichts.

„Ich gehe nur noch bis zur Kurve, dann drehe ich um."

Da! Was war das? - „Miau." - Ob das Krümel ist?

Eilig geht Benny weiter.

Tatsächlich, da ist das Kätzchen. Aber – Krümel liegt auf dem Schoß eines fremden Jungen. Und der Junge hat ganz dünne Beine und sitzt in einem Rollstuhl.

Schnell will Benny wieder weg.

Doch der Junge ruft: „Hallo, wolltest du zu mir?"

Langsam dreht sich Benny um. „Ähm ... nein ... ich hab mich verlaufen", stottert er und rennt davon.

Zu Hause schießt er den Fußball mit voller Wucht gegen die Gartenmauer. „So ein blöder Spruch: verlaufen." Benny weiß, dass er nicht lügen soll. „Ach, was soll's. Ich gehe zurück und bringe das in Ordnung", murmelt er und schlurft erneut die Straße entlang.

Der Junge sitzt immer noch im Rollstuhl. Und Krümel liegt immer noch auf seinem Schoß.

„Ähm, ich bin wieder da." Benny bekommt heiße Wangen.

„Das sehe ich", sagt der Junge. „Hast du dich wieder verlaufen?"

Benny weiß nicht, was er sagen soll, und starrt den Rollstuhl an. Auf einem Rad

entdeckt er einen bunten Aufkleber. „Jesus liebt Kinder" steht darauf.

Endlich nimmt er allen Mut zusammen. „Also ... ich hab mich gar nicht verlaufen. – Das war gelogen. Entschuldigung."

Der Junge lächelt. „Dachte ich mir. Aber ich finde es gut, dass du zurückgekommen bist. Das würde nicht jeder machen. – Ich bin übrigens Felix."

„Und ich heiße Benny." Er deutet auf den Rollstuhl. „Was ... was ist denn mit deinen Beinen?"

Felix streichelt Krümels Köpfchen. „Ich bin schon mit kranken Beinen auf die Welt gekommen. Ich konnte noch nie laufen."

„Und deshalb musst du im Rollstuhl sitzen?" Benny schluckt. „Das ist ja schlimm."

Felix zuckt mit den Schultern. „Na ja, toll ist

es nicht. Aber ich bin es gewohnt. Und ich kann ja trotzdem vieles machen."

Benny kratzt sich am Kopf. „Also ... weshalb ich gekommen bin ... Krümel war bei mir."

„Wer?"

„Dein Kätzchen." Benny zeigt auf das niedliche Tierchen. „Ich habe es Krümel genannt."

„Ach so." Felix lacht. „Es hatte noch keinen Namen. – Krümel ist schön. Ja, so soll es heißen."

Da hüpft Krümel von Felix' Schoß und schnurrt um Bennys Beine. Benny traut sich nicht, das Kätzchen zu streicheln, denn er weiß jetzt, dass es Felix gehört.

Doch Felix nickt ihm zu. „Du darfst Krümel gern hochnehmen."

Sofort bückt sich Benny und hebt das Kätzchen auf den Arm. Dabei schleckt Krümel mit seiner Minizunge über Bennys

Hand. Das kitzelt. „Seit wann wohnst du denn hier, Felix? Ich habe dich noch nie gesehen."

„Ich bin nur in den Ferien hier bei meiner Tante", antwortet Felix. „Sie hat mir das Kätzchen geschenkt. Ich hatte noch nie ein eigenes Tier."

„Ich auch nicht." Benny kuschelt mit Krümel. „Mama erlaubt es nicht. Eigentlich wollte ich das Kätzchen behalten, als es mich besucht hat. Aber ... na ja ... Krümel gehört ja dir."

„Ich werde ihn auch nicht hergeben!", ruft Felix. „Aber du darfst mich gern wieder besuchen und dann spielen wir zusammen mit Krümel."

Benny ist verwirrt. „Wie kann man denn spielen, wenn man im Rollstuhl sitzt?", denkt er. Aber weil er Krümel gern wiedersehen möchte, nickt er.

Als Krümel zu zappeln beginnt, setzt Benny ihn auf den Boden. Dabei fällt ihm das

Seifenblasenspiel aus der Hosentasche.

„Oh, klasse!“ Felix klatscht in die Hände. „Wollen wir damit spielen?“

„Na klar!“ Benny taucht den Blasring in die Seifenlauge und pustet. Viele kleine Seifenblasen fliegen durch die Luft.

Blitzschnell dreht Felix sich mit seinem Rollstuhl im Kreis, saust hin und her und versucht, die schillernden Kugeln zu schnappen.

„Boah“, staunt Benny. „Was du alles kannst.“

Felix grinst. Er schaut den Seifenblasen nach, die zum Himmel aufsteigen und irgendwann zerplatzen. „Ich mag alles, was fliegt“, sagt er leise. „Und ich mag den Himmel. Eines Tages werde ich beim Herrn Jesus im Himmel sein. Da ist es dann nur noch schön, und dort kann sogar ich laufen und springen.“

Benny starrt Felix' dünne Beine an. „Jetzt machst du aber Spaß. Wie soll das denn gehen?"

„Ganz einfach", erklärt Felix. „Wenn Jesus mich in den Himmel holt, bekomme ich einen neuen Körper mit gesunden Beinen."

„Echt?", ruft Benny. „Das wäre ja toll!"

„Ja, darauf freue ich mich schon. – Hast du auch den Herrn Jesus lieb?"

Benny überlegt. „Keine Ahnung. Ich weiß gar nicht richtig, wer Jesus ist."

Felix zwinkert ihm zu. „Ich kann dir erzählen, wen der Herr Jesus schon gesund gemacht hat. Es sind ganz viele. Das steht alles in der Bibel."

Mit großen Augen schaut Benny seinen neuen Freund an, dann nickt er. Felix ist echt in Ordnung. Mit ihm kann man richtig gut spielen, obwohl er im Rollstuhl sitzt.

Lächelnd gibt Benny ihm das Seifenblasenspiel und lässt

ihn auch glitzernde Kugeln in die Luft pusten. Krümel findet das wohl ebenfalls aufregend, denn er hopst herum und versucht, die bunten Seifenblasen zu fangen. Das sieht lustig aus.

Nach einer Weile sagt Benny: „Ich muss jetzt leider nach Hause."

„Kommst du morgen wieder?", fragt Felix.

Benny kribbelt es vor Freude im Bauch. „Au ja! – Und Krümel spielt mit, okay?"

Das Kätzchen macht „Miau", und die beiden Freunde lachen.

Unfall an Heiligabend

„Mmhh, riecht das hier gut." Papa zwinkert Pauline zu. „Was machen denn meine beiden Zuckerbäckerinnen Leckeres?"

„Mama hilft mir, den Plätzchenteig auszurollen", antwortet Pauline mit hochrotem Gesicht. „Und dann steche ich ganz allein Sterne und Tannenbäume aus." Sie klopft sich die weißen Mehlhände ab.

Morgen ist schon Heiligabend. Gestern hat Papa mit Pauline einen großen Weihnachtsbaum geholt. Und Mama hat versprochen, dass sie beim Schmücken helfen darf. Ein Geschenk für Mama und Papa hat sie auch schon – Strohsterne, die man ins Fenster hängen kann. Pauline hat sie in der Kinderstunde gebastelt und zu Hause sofort unter ihrem Bett versteckt. „Da schaut Mama bestimmt nicht hin", denkt sie vergnügt.

Die ersten Plätzchen sind fertig und Pauline will natürlich gleich probieren. „Mhm, die Sternenplätzchen schmecken prima. Und auch die Tannenbäume sind superlecker."

Papa und Mama lachen. Und Papa sagt: „Wenn du hier fertig bist, holen wir zusammen die Weihnachtskrippe vom Dachboden."

Pauline hüpft auf und ab, sie weiß gar nicht, über was sie sich am meisten freuen soll. An Weihnachten ist einfach alles prima. Und das Schönste vom Schönen ist, dass sie an Heiligabend zur Weihnachts-Kinderstunde gehen kann. Auch alle ihre Freunde werden kommen. Die Kinderstundenleiterin erzählt natürlich die Weihnachtsgeschichte. Außerdem wollen sie zusammen singen, basteln und Ratespiele machen. Und zum Abschluss erhält jedes Kind ein kleines Geschenk.

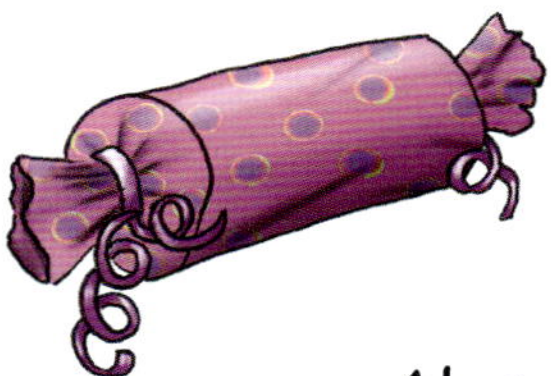

Abends im Bett betet Pauline: „Herr Jesus, danke, dass ich so viele schöne Sachen machen darf. Amen."

Am nächsten Morgen wacht Pauline schon früh auf, denn heute ist endlich Heiligabend. Beim Frühstück kann sie vor lauter Vorfreude nicht stillsitzen.

„Pauline, jetzt hast du aber genug gezappelt!" Mama schaut sie stirnrunzelnd an. „Papa und ich sind gleich fertig mit Frühstücken, und du hast noch kein einziges Mal in dein Brötchen gebissen."

Doch Pauline hat keinen Hunger. Statt zu essen, kippelt sie auf ihrem Stuhl vor und zurück, vor und zurück – bis sie das Gleichgewicht verliert. Der Stuhl fällt mit lautem Knall nach hinten um und Pauline schlägt mit dem Kopf auf dem Steinboden auf.

„Au, aua!“, schreit sie und fängt an zu weinen. „Aua, Mama, mein Kopf!“

Mama nimmt Pauline in den Arm und streicht ihr sanft übers Haar.

Papa sieht sich die Beule an ihrem Kopf ganz genau an. „Wir müssen ins Krankenhaus fahren. Vielleicht hast du eine Gehirnerschütterung.“

Da muss Pauline noch mehr weinen, denn ins Krankenhaus will sie auf keinen Fall. Schon gar nicht an Heiligabend! Aber Papa holt bereits das Auto aus der Garage, während Mama ein paar Sachen für Pauline einpackt.

Im Krankenhaus wird Pauline von einer netten Ärztin untersucht. Sie muss sich auf einen Stuhl setzen und sagen, wo es am meisten wehtut.

„Mein Kopf tut gar nicht mehr so schlimm weh“, sagt Pauline ängstlich. „Ich glaube, ich kann schon wieder nach Hause.“

Die Ärztin lächelt freundlich, schüttelt dabei aber den Kopf. „Du hast eine

Gehirnerschütterung und musst zur Überwachung eine Nacht im Krankenhaus bleiben."

Pauline bekommt einen großen Schreck! „Aber das geht doch nicht", stottert sie. „Heute ist Heiligabend, da muss ich zur Weihnachts-Kinderstunde gehen. Und Geschenke auspacken. Und Plätzchen essen. Und ... Und ..." Sie muss wieder weinen.

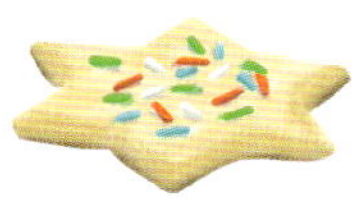

Die Ärztin nickt verständnisvoll, doch sie sagt: „Dein Kopf ist ziemlich hart aufgeschlagen. Wir sollten deshalb schauen, ob wirklich alles in Ordnung ist. Und das geht nur hier im Krankenhaus."

Mama nimmt Pauline in den Arm. „Ich denke auch, dass es besser ist, wenn du hierbleibst. – Na, komm! Papa und ich begleiten dich auf dein Zimmer, okay?"

Pauline wischt sich die Tränen ab und nickt. „Na gut."

Eine Krankenschwester bringt Pauline in ein Zimmer, in dem schon zwei andere Mädchen in ihren Betten liegen. Sie schauen Pauline neugierig an und Pauline schaut neugierig zurück.

„Guck mal", sagt die Krankenschwester freundlich. „Das da hinten am Fenster ist dein Bett, dort kannst du dich hinlegen und es dir gemütlich machen. – Hier vorne im Bett liegt Lotta, sie hat sich gestern den Arm gebrochen. Und in der Mitte liegt Sophie, die sich auch schlimm am Kopf gestoßen hat."

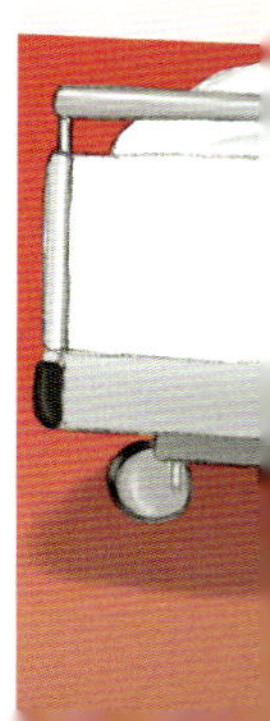

„Hallo", sagt Pauline schüchtern.

„Hallo", antworten die beiden Mädchen.

Pauline zieht ihren Schlafanzug an und legt sich ins Bett. Mama und Papa setzen sich zu ihr, halten ihre Hand und danken Gott, dass nichts Schlimmeres passiert ist.

Dann fängt Papa an, die Weihnachtsgeschichte zu erzählen. „Schließlich ist ja heute Heiligabend", sagt er.

Pauline kuschelt sich in ihr Kissen und lauscht gespannt. Auch Lotta und Sophie hören zu, als Papa vom Herrn Jesus

erzählt, der auf die Erde kam, weil er uns so lieb hat.

„Daran erinnern wir uns an Weihnachten", erklärt Papa den drei Mädchen. „Und wisst ihr was? Jesus lag nicht in so einem schönen weichen Krankenhausbett

wie ihr, sondern in einer harten, schmutzigen Futterkrippe. Dort gab es keinen geschmückten Baum und keine leckeren Plätzchen, um seine Geburt zu feiern."

Pauline setzt sich im Bett auf. „Dann brauchen wir das auch alles nicht, stimmt's, Papa?"

„Ganz genau!" Papa lacht. „Wir können auch hier im Krankenhaus Weihnachten feiern und daran denken, dass der Herr Jesus auf die Erde kam. Dazu brauchen wir keine Plätzchen und keine Geschenke. Mit ihm haben wir alles, was wir brauchen."

„Ob Lotta und Sophie das auch alles schon wissen?", überlegt Pauline. Sie nimmt sich vor, den beiden Mädchen noch mehr Geschichten aus der Bibel zu erzählen, damit sie auch den Herrn Jesus lieb gewinnen.

Pauline weiß, sie hat Papa und Mama, die sie lieb haben. Sie hat den Herrn Jesus, der sie auch lieb hat und immer bei ihr ist. Und sie hat ihre Freunde, die in diesem Moment gerade Weihnachts-Kinderstunde feiern und bestimmt dafür beten, dass sie bald wieder gesund wird.

Auf einmal ist Pauline richtig froh – sogar an Heiligabend im Krankenhaus.

Tom sucht einen Freund

In der neuen Schule ist alles so fremd. Tom kennt keinen einzigen Schüler und auch die Lehrer hat er noch nie gesehen. „Schade, dass ich nicht in meiner alten Schule bleiben kann“, denkt er, als er den langen Flur entlangläuft und den Klassenraum mit der Nummer 16 sucht. „Ah, da ist er ja.“

Zaghaft geht Tom durch die offene Tür und sieht sich um. Viele Kinder sind schon da, ziehen sich die Jacken aus, legen ihre Bücher und Hefte auf die Tische oder reden miteinander. Als sie Tom entdecken, starren sie ihn nur an.

„Guten Morgen. Setzt euch bitte!“, ertönt auf einmal eine Stimme hinter Tom. Es ist Herr Bolde, der Klassenlehrer.

Die anderen Schüler gehen sofort zu ihren Plätzen. Nur Tom steht immer noch neben der Tür.

„Ab heute ist ein neuer Schüler in unserer Klasse“, sagt der Lehrer lächelnd. „Er heißt

Tom. Nehmt ihn bitte freundlich auf und zeigt ihm in der Pause alles, was er wissen muss." Dann schaut Herr Bolde Tom an. „Herzlich willkommen in unserer Klasse. Du kannst dich neben Frederike setzen, dort in der zweiten Reihe."

Tom hört die Jungen kichern.

Eilig setzt er sich neben das Mädchen mit den blonden Haaren, sagt „Hallo" und packt sein Mäppchen und ein Heft aus. Dann stellt er ein bunt verziertes Kärtchen auf den Tisch. Darauf steht der Bibelvers: „Verlass dich auf den Herrn von ganzem Herzen." Das hat Mama ihm heute Morgen mitgegeben.

Er merkt, dass Frederike das Kärtchen betrachtet und dann ein Stück von ihm wegrückt.

Die ersten beiden Stunden machen Tom Spaß, denn vieles hat er in seiner alten Schule schon gelernt. Einmal traut er sich sogar, sich zu melden und eine Frage zu beantworten.

„Sehr gut", lobt der Lehrer.

Tom strahlt. „Jetzt brauche ich nur noch einen Freund", denkt er und sieht sich unauffällig in der Klasse um. „Dann ist es vielleicht gar nicht so übel in der neuen Schule."

In der großen Pause geht Tom erwartungsvoll mit den anderen Kindern auf den Schulhof. „Bestimmt zeigen sie mir jetzt alles", denkt er und wartet.

Doch niemand interessiert sich für ihn. Die Jungen spielen Fußball und die Mädchen laufen schnatternd über den Schulhof.

Tom geht etwas näher zu den Jungen. „Kann ich mitspielen?"

„Aus dem Weg!", brüllt Olli. „Siehst du nicht, dass du mitten auf dem Spielfeld stehst?"

Erschrocken springt Tom zur Seite.

Ein Junge mit Flickenhose ruft: „Kauf dir erst mal coole Klamotten. In deinen Strebersachen kannst du doch nicht Fußball spielen."

Tom muss schlucken. So hat er sich den ersten Tag nicht vorgestellt.

Da, auf der Bank sitzt Hannes. Tom hat ihn auch in seiner neuen Klasse gesehen. Er hat einen Verband am Fuß und kann deshalb wohl nicht Fußball spielen.

„Hallo", sagt Tom zaghaft. „Zeigst du mir bitte, wo die Bücherei ist. Ich würde mir gern ein Buch ausleihen."

Hannes verzieht das Gesicht, als hätte er in eine Zitrone gebissen, und schüttelt den Kopf. „Keine Ahnung, wo die Bücherei ist. Frag doch die Mädchen. Schließlich sitzt du ja auch neben einem Mädchen."

Tom schießen Tränen in die Augen und er geht schnell weg. „Ich möchte wieder in meine alte Klasse zurück", murmelt er. „Da hatte ich viele Freunde. Aber hier – hier will niemand mein Freund sein."

„Ach blöd, jetzt fängt es an, zu regnen", schimpft Olli auf einmal. „Na ja, die Pause ist eh gleich vorbei."

Die Jungen rennen an Tom vorbei ins Schulgebäude. Tom trottet langsam hinterher. Der Regen tropft ihm ins Gesicht, aber die Sonne scheint weiter. Er stutzt und bleibt stehen. Wenn die Sonne scheint und es gleichzeitig regnet, dann ... Ja, tatsächlich: Am Himmel entdeckt er einen leuchtend bunten Regenbogen.

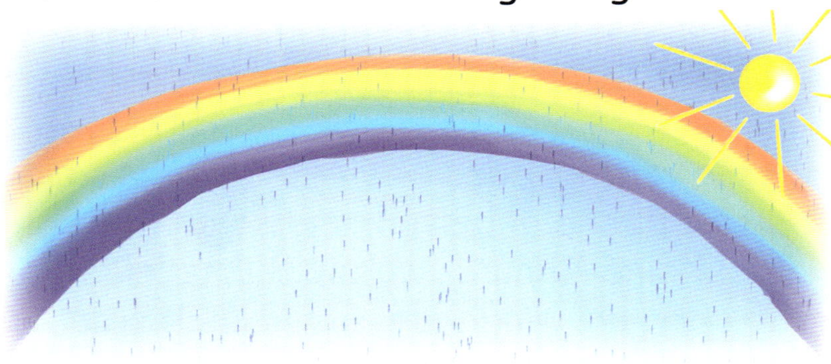

Tom betrachtet ihn staunend. Dabei kommt ihm die Geschichte aus der Bibel in den Sinn, von Noah und der Arche. Dort hat Gott nach der großen Sintflut den Regenbogen an den Himmel gesetzt.

Die Geschichte von Noah hat Tom schon oft im Kindergottesdienst gehört. Damals waren die Menschen sehr böse. Sie hatten viele schlimme Sachen getan. Und vor allen Dingen hatten sie nicht nach Gott gefragt. Nur Noah lebte so, wie es Gott gefiel.

Eines Tages gab Gott Noah den Auftrag, für sich und seine Familie ein Schiff zu bauen. Denn bald würde eine große Flut kommen, die die ganze Erde überspülen würde. Noah gehorchte Gott und baute die Arche, ein riesiges Schiff. Er glaubte Gott, obwohl es weit und breit kein Wasser gab, auf dem so ein großes Schiff hätte fahren können.

Als die Arche fertig war, gingen Noah, seine Familie und von allen Tieren ein Paar hinein. In dem Schiff waren sie vor der großen Flut in Sicherheit. Noah hatte auf Gott vertraut und Gott hatte ihn beschützt.

„Noah war ja auch ganz allein", murmelt Tom. „Seine Nachbarn und Bekannten haben vielleicht über ihn gelacht, weil er auf Gott gehört und die Arche gebaut hat."

Tom merkt plötzlich, dass er das letzte Kind auf dem Pausenhof ist, und läuft eilig in seine Klasse. Der Lehrer ist zum Glück noch nicht da.

Als er hereinkommt, schlendert Olli an ihm vorbei. „Und, was machst du sonst so? Weshalb hast du so eine Karte auf dem Tisch stehen?"

Tom sieht Olli mit offenem Mund an. Will er vielleicht doch sein Freund sein? – Schnell antwortet er: „Mama hat sie mir heute

Morgen mitgegeben. Denn ich glaube daran, dass der Herr Jesus immer bei mir ist."

„Ach ja?" Olli verdreht die Augen. „Woher willst du das denn wissen?"

„Aus dem Kindergottesdienst", antwortet Tom. „Da gehe ich jeden Sonntag hin. Wir hören spannende Geschichten aus der Bibel, singen Lieder und basteln. Komm doch mal mit!"

Doch Olli brummt nur: „Mann, wie langweilig. Von dem frommen Kram will ich nichts hören."

Enttäuscht setzt sich Tom an seinen Tisch. Aber was ist das? Der Platz neben ihm ist leergeräumt und auf dem Stuhl sitzt niemand. Wo ist denn Frederike? – Tom schaut sich um und sieht sie ganz hinten allein an einem Tisch sitzen. Sie hat sich einfach weggesetzt.

Nach diesem ersten Tag in der neuen Schule geht Tom traurig nach Hause. Wenn sich wenigstens ein einziges Kind für ihn interessiert hätte!

Mutlos und ärgerlich kickt Tom kleine Steinchen, die auf dem Gehweg liegen, durch die Luft. Wieder fängt es an zu regnen, doch Tom merkt es kaum. „Wie soll das bloß weitergehen?“, murmelt er und tritt so fest gegen ein Steinchen, dass es mit einem „Bing“ gegen die Straßenlaterne knallt. „In dieser Klasse finde ich wohl nie einen Freund.“

Aber halt – das gibt es doch nicht! „Da ist ja wieder ein Regenbogen!“ Tom vergisst die Steinchen und schaut zum Himmel. Und auf einmal wird ihm klar: „Bei mir ist es wie bei Noah. Ich bin auch nicht allein, denn ich habe den Herrn Jesus. Er ist mein allerbester Freund.“

Völlig durchnässt, aber glücklich betrachtet Tom den bunten Regenbogen.

Und er weiß jetzt: Er kann jeden Tag beruhigt zur Schule gehen, denn er hat einen Freund – den besten, den es gibt!

Lina und die Feuerwehr

Aus dem Flurfenster kann Lina bis zum Bach sehen. „Guck mal, Mama, der Bach ist viel breiter als sonst."

„Ja, tatsächlich!", sagt Mama. „Na, das ist auch kein Wunder. Es regnet schließlich schon seit Tagen. Da kann so ein kleiner Bach mal über die Ufer treten. Also, von mir aus kann es bald aufhören zu regnen."

Lina schlüpft in Regenhose, Regenjacke und Gummistiefel und zieht sich die Kapuze über den Kopf. „Ich finde Regen cool. Da kann ich mit Tabea jeden Tag Regenpfützen-Hüpfen spielen. Und zum Bach gehen wir heute auch wieder."

Doch Mama schüttelt den Kopf. „Auf keinen Fall! Heute geht ihr nicht an den Bach! Das ist zu gefährlich. Ihr könnt bis zum Feldweg gehen, das reicht."

„Naaa gut", murmelt Lina, „dann eben nicht." Sie gibt Mama einen Kuss und hopst nach draußen.

Als sie durch die erste große Pfütze platscht, kommt Tabea angelaufen und springt ebenfalls hinein. Das Wasser spritzt Lina bis an die Nase, sie quiekt vor Vergnügen. Die Mädchen hopsen von einer Pfütze zur nächsten.

Nach einer Weile läuft Lina vorneweg. „Komm, wir gehen zum Feldweg!"

„Au ja!" Tabea flitzt hinterher.

Auf dem holprigen Feldweg gibt es jede Menge Pfützen und die Mädchen versuchen, jede einzelne zu treffen.

Lina wischt sich über das nasse Gesicht und schielt unter ihrer Kapuze hervor.

„Boah, guck mal!", ruft sie. „Da im Garten ist eine Riesenpfütze. Ob das Wasser von dem Bach kommt?" Sie stupst Tabea an. „Oh Mann, das Wasser geht ja bis zum Haus von Frau Brebeck."

„Ja, wirklich!“ Tabea reißt die Augen auf. „Oh nein! – Da unten! – Das Fenster ist offen und ...“

„Da läuft Wasser rein!“ Lina kneift die Augen zusammen, damit sie besser sehen kann.

Tabea zieht an ihrem Ärmel. „Los! Wir müssen es sofort Frau Brebeck sagen!“

Doch Lina bleibt stehen. „Neee! Zu der geh ich nicht. Die schimpft immer nur. Erst neulich hat sie mich ..."

„Das ist doch jetzt unwichtig!", ruft Tabea. „Guck mal! Da läuft Wasser in ihren Keller."

Lina will nicht hinschauen. „Zur Strafe kann sie ruhig mal einen nassen Keller bekommen", murmelt sie. „Ist mir doch egal. Wer böse zu mir ist, dem helfe ich nicht."

„Das meinst du doch nicht wirklich, oder?" Tabea klingt ärgerlich.

Lina beißt sich auf die Lippe.

„Weißt du", sagt Tabea, „ich möchte tun, was dem Herrn Jesus gefällt. Und er hat jedem Menschen geholfen, der in Not war.

Einfach jedem!“ Tabea wischt sich den Regen aus dem Gesicht. „Der Herr Jesus möchte, dass wir auch jedem helfen, der in Not ist. Auch dann, wenn er uns geärgert hat. – Los, jetzt komm!“

„Na gut“, schnauft Lina, „dann machen wir das eben.“

Die beiden rennen zum Haus von Frau Brebeck. Tabea drückt mehrmals auf den Klingelknopf. Nach einer Weile geht die Haustür auf und eine finster aussehende Frau schaut sie an.

„Was gibt es denn so dringend?“, schimpft sie und klopft mit ihrem Stock auf den Boden. „Ich habe ein krankes Bein und kann nicht so schnell laufen. Einmal klingeln reicht auch!“

Lina schluckt. Am liebsten würde sie wieder gehen.

Tabea sieht auch etwas ängstlich aus, sagt aber: „Frau Brebeck ... in Ihrem Garten ... Sie müssen das Kellerfenster zumachen ... da läuft Wasser rein."

Die alte Frau wedelt mit ihrem Stock. „Was? Ist das ein dummer Witz?" Doch sie humpelt ans Küchenfenster. „Ach, du große Güte! So viel Wasser in meinem Garten!", schreit sie. „Meine Äpfel! Bitte ... Mädchen ... Ich kann nicht so schnell. Lauft nach unten und macht das Fenster zu, damit die Äpfel nicht nass werden."

Lina und Tabea gehen ein paar Stufen nach unten.

„Es ist komisch, hier herumzulaufen", flüstert Lina. „Wir machen nur schnell das Fenster zu, und dann ... – Ach du Schreck!"

Wie angewurzelt bleiben die Mädchen

auf der Treppe stehen. Überall ist Wasser. Und Frau Brebecks Äpfel kommen ihnen schon entgegengeschwommen.

Frau Brebeck humpelt hinter ihnen die Treppe herunter. „Oh nein, oh nein! Meine Äpfel! Mein Keller! Die Feuerwehr! – Schnell Kinder, wir müssen die Feuerwehr rufen."

Sie humpelt zurück und telefoniert aufgeregt.

„Was machen wir jetzt?", flüstert Tabea.

Lina zuckt mit den Schultern. „Keine Ahnung. Wir gehen auf jeden Fall erst einmal wieder nach draußen."

Als sie an Frau Brebeck vorbei aus der Haustür huschen, sieht Lina, dass die Nachbarin zittert. Nun tut sie Lina sogar leid.

Da die Feuerwache ganz in der Nähe ist, dauert es nicht lange, bis ein knallrotes Feuerwehrauto vor dem Haus hält.

Zwei Feuerwehrmänner steigen aus. „Da hinten ist das Fenster!", ruft Tabea ihnen zu und deutet auf den Garten. Ein Feuerwehrmann holt schwere Säcke aus dem Auto und legt sie von außen vor das Fenster.

Der andere geht ins Haus und macht das Kellerfenster zu. Als er kurz darauf wiederkommt, ruft er: „Wir brauchen die Tauchpumpe, im Keller steht Wasser."

Die Männer holen ein komisches Gerät mit Schlauch aus dem

Auto und bringen es in den Keller. Den langen Schlauch ziehen sie wieder nach oben, aus der Haustür heraus bis auf die Wiese.

„Jetzt wird Ihr Keller leergepumpt", erklärt der Feuerwehrmann und lächelt Frau Brebeck an.

Und tatsächlich – kurz darauf strömt ein dicker Strahl Wasser aus dem Schlauch und fließt auf die Wiese. So etwas hat Lina noch nie gesehen. Es dauert nicht lange, und der Feuerwehrmann kann die Pumpe wieder ins Auto packen.

Inzwischen sind auch Mama und einige andere Nachbarn gekommen. „Ist alles in Ordnung mit euch?", fragt Mama und nimmt die Mädchen in den Arm.

Die beiden nicken. „Ja, alles gut", antwortet Lina. „Aber weißt du, bei Frau Brebeck im Keller ist alles herumgeschwommen."

Frau Brebeck steht ganz blass in der Haustür.

Mama geht zu ihr. „Machen Sie sich keine Sorgen", sagt sie. „Ich helfe Ihnen, Ihren Keller wieder in Ordnung zu bringen, ja?"

Die Nachbarin nickt und lächelt sogar ein bisschen.

Lina mochte Frau Brebeck bisher nicht, aber nun ...
„Jetzt bin ich doch froh, dass wir geholfen haben", flüstert sie Tabea ins Ohr.

Tabea flüstert zurück: „Siehst du! Es ist gut, wenn man tut, was Jesus gefällt."

Der Feuerwehrmann zieht seine Handschuhe aus. „Das Wasser stand zum Glück noch nicht hoch", sagt er zu Frau Brebeck. „Vermutlich ist nur wenig kaputtgegangen. Gut, dass Sie es so schnell bemerkt haben."

„Ich habe gar nichts bemerkt!", ruft Frau Brebeck und deutet auf Lina und Tabea. „Hier, die Mädchen haben Bescheid gesagt." Ist das eine Träne in Frau Brebecks Auge? „Vielen, vielen Dank, ihr beiden", stammelt sie.

„Ja, das habt ihr wirklich gut gemacht." Der Feuerwehrmann klopft ihnen auf die Schulter. „Was denkt ihr ... Habt ihr Lust, euch das Feuerwehrauto mal von innen anzusehen? – Sozusagen als Belohnung."

„Au ja!", ruft Lina sofort.

„Na, dann. Klettert ruhig hinein und setzt euch auf den Beifahrersitz." Der Feuerwehrmann hilft ihnen beim Einsteigen und setzt sich dann daneben. Er zeigt den Mädchen die Schalter für das Martinshorn und den Sprechfunk. Und als Lina auf den Knopf für das Blaulicht drücken darf, kommt sie sich vor wie eine richtige Feuerwehrfrau.

Jesus ist auferstanden

Während der Osterferien darf Ben bei Oma und Opa schlafen. Soeben hat er mit Oma Eier gekocht und sie bunt angemalt. Nun liegen sie auf der Fensterbank zum Trocknen. Morgen, am Ostersonntag, will Opa die bunten Eier im Garten verstecken, damit Ben sie suchen kann. Darauf freut er sich schon.

Ben schaut durchs Küchenfenster. „Nanu? Was machen denn die Nachbarskinder mit ihrem Papa da drüben?" Die bunten Eier sind vergessen. „Oma, ich gehe in den Garten!", ruft er, flitzt hinaus und stellt sich an den Gartenzaun.

Lisa sammelt Moos in einer Schubkarre und Lorenz stellt vor dem Blumenbeet ein Drahtgitter auf. Von Weitem sieht es aus wie eine Höhle.

Ben spielt oft mit Lorenz und Lisa, wenn er bei Opa und Oma zu Besuch ist. Das letzte Mal hat Lisa ihm ein

Heft mit Geschichten von Jesus geschenkt. Das schaut Ben sich gerne an.

Die Nachbarskinder und ihr Papa scheinen irgendetwas zu bauen. Neugierig klettert Ben über den Holzzaun. „Hallo, was macht ihr da? Darf ich mitspielen?"

Lorenz und Lisa nicken fröhlich und ihr Vater antwortet: „Hallo Ben, klar kannst du mitmachen. Wir bauen ein Auferstehungsgrab."

Das Wort hat Ben noch nie gehört. „Was ist das denn, ein Auferstehungsgrab?"

Lisa nimmt Moos aus der Schubkarre und legt es auf das Gitter. „Na, wir feiern doch Ostern. Da ist der Herr Jesus für uns am Kreuz gestorben. Dann wurde er in ein Grab gelegt und ist nach drei Tagen auferstanden, also wieder lebendig geworden."

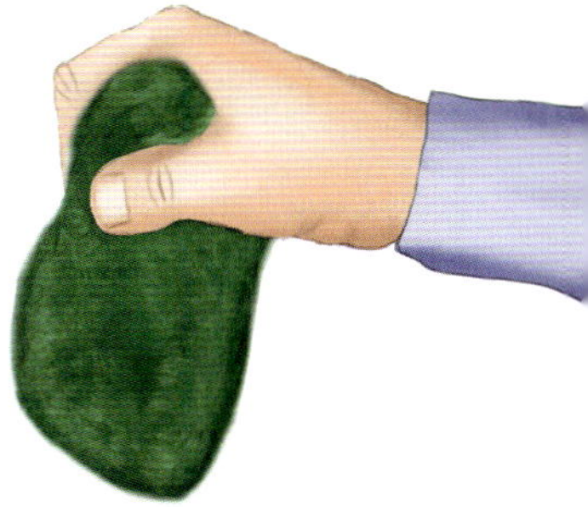

Richtig verstanden hat Ben das nicht. Aber es hört sich gut an. „Ein Mensch, der gestorben ist, aber wieder lebendig wird", murmelt er. „Das ist ja toll."

„Du kannst helfen, Moos auf das Gitter zu legen", sagt Lorenz. „Und dann suchen wir einen großen Stein. Große Steine hat man damals nämlich vor die Grabhöhle gelegt."

Ben schaut zu, wie Lorenz es macht, und macht es genauso.

Das Auferstehungsgrab sieht richtig gut aus. Als sie fertig sind, ist sogar noch Moos übrig. Und ein großer Stein ist auch schnell gefunden. Den legen sie zum Schluss vor die Graböffnung.

„Ist gut geworden." Lorenz klopft sich die Hände sauber. „Obwohl die echte Grabhöhle natürlich viel größer war."

Lisa betrachtet das Grab noch mal von allen Seiten. „Morgen früh schieben wir den Stein wieder weg. Das ist dann so wie damals, als Jesus auferstanden ist. Da hat aber ein Engel, den Gott geschickt hat, den Stein weggerollt."

Ben hat noch nie davon gehört. Er findet die Sache mit Jesus und der Auferstehung spannend. Gern würde er noch mehr erfahren, doch Oma ruft ihn zum Kaffeetrinken.

„Schade", brummt Ben. „Na ja, vielleicht bis später." Er klettert über den Zaun und flitzt ins Haus.

Es gibt Schokokuchen und Apfelsaft. Das schmeckt lecker. Ben erzählt Oma und Opa

von dem Auferstehungsgrab. „Wisst ihr, da ist Jesus richtig lebendig wieder rausgekommen und morgen früh ..."

Da plötzlich – bumms!

Ben zuckt zusammen. „Was war das?" Er dreht sich um. „Irgendetwas ist gegen die Fensterscheibe geknallt."

Opa öffnet das Fenster. „Oh, nein! Das war ein Vogel“, sagt er. „Er liegt auf der Wiese.“

Ben stürmt zum Fenster. „Auweia! Komm Opa, wir gehen zu ihm.“

Der kleine Spatz zittert und atmet ganz hektisch.

„Sicher ist er verletzt“, sagt Opa, „denn er fliegt nicht weg.“

Ben tut der Vogel leid. „Also, wenn ich gegen die Scheibe geknallt wäre, hätte ich mir bestimmt auch wehgetan“, überlegt er, hebt den Spatzen vorsichtig auf und streichelt ihm das zitternde Köpfchen. „Opa, kann ich ihn gesund pflegen? Bitte!“

Opa zuckt mit den Schultern. „Du kannst es versuchen. Aber ob das klappt?“

„Wenn ich krank bin, muss ich ins Bett“, sagt Ben. „Also legen wir den Vogel einfach auch ins Bett.“

Opa lacht. „Deine Oma wird sich bedanken, wenn du einen Vogel auf ihre gute Bettwäsche legst. Aber im Schuppen habe ich einen Schuhkarton, den kannst du mit Gras oder Moos auslegen, dann hat er ein weiches Bett."

„Lisa und Lorenz haben mit ihrem Papa Moos gesammelt. Die frage ich mal." Behutsam legt Ben den Spatzen in Opas Schuhkarton.

„Ja, mach das", sagt Opa und geht zurück ins Haus.

Mit dem Karton klettert Ben wieder über den Zaun. Das ist gar nicht so leicht.

„Hey, Ben." Lorenz kommt sofort angelaufen. „Was hast du da?"

Ben hält ihm den Karton hin. „Schau mal, der kleine Spatz ist verletzt und braucht ein Bett. Kann ich von euch Moos bekommen?"

Lisa und Lorenz nicken und sehen sich den Patienten an. „Oh, wie klein!“, ruft Lisa. „Der zittert ja.“

Langsam hebt Ben den Vogel heraus und Lorenz verteilt Moos in dem Schuhkarton. Lisa legt noch ein Taschentuch oben drauf. Nun sieht es wirklich aus wie ein Bett und Ben kann den Vogel weich ablegen.

„Vielleicht hat er Hunger oder Durst“, murmelt Lisa.

Ben überlegt, was er am liebsten mag: Schokokuchen und Apfelsaft. Ob der Spatz das auch mag? – Aber halt! Als Ben krank war, durfte er keinen Schokokuchen essen. Mama hat ihm Tee und Zwieback gebracht.

„Ich weiß was“, ruft Ben, düst in Omas Küche, holt ein Glas Tee und ein großes Stück Zwieback.

„Das ist ja viel zu viel für so einen kleinen Vogel“, bemerkt Lorenz, und Ben steht ratlos neben dem Karton.

Rasch holt Lorenz im Haus einen Flaschenverschluss. Sie geben einige Tröpfchen Tee hinein und stellen ihn neben den Vogelschnabel. Ben bricht ein paar Krümel Zwieback ab und legt sie dazu.

Die drei starren den Vogel an und warten. „Er will wohl nichts essen“, stellt Ben nach einer Weile fest. „Vielleicht will er nur schlafen.“

Als es kühl und dunkel wird, sagen die Kinder: „Tschüss, bis morgen.“

„Denk dran, morgen früh machen wir das Grab auf“, sagt Lisa noch.

Ben nickt, klettert zurück über den Zaun und stellt das Schuhkarton-Bett auf die Bank unter dem Schuppendach. „So, kleiner Spatz, jetzt kannst du gesund werden.“

Am nächsten Morgen denkt Ben gar nicht an die versteckten Ostereier, sondern er will sofort nach seinem Vogel-Patienten sehen. Opa geht mit ihm. Von Weitem sieht er schon, dass der Spatz noch auf dem Moos liegt. Der Tee und auch die Zwieback-Krümel liegen immer noch neben dem Schnabel.

Aber etwas ist anders: Der Spatz zittert nicht mehr.

„Opa, schläft er noch?"

Opa stupst den kleinen Spatzen an. „Nein, mein Junge, der schläft nicht, der ist heute Nacht gestorben. Er war wohl zu schwer verletzt."

„Waaas?" Ben hatte so gehofft, dass der Vogel wieder gesund wird. Er erinnert sich an das Grab, das er gestern mit Lorenz und Lisa gebaut hat. „Opa, Lorenz und Lisa haben gesagt, dass Jesus wieder lebendig geworden ist. Wird unser Vogel auch wieder lebendig?"

Opa streicht ihm über die Haare. „Nein, mein Junge. Wer einmal gestorben ist, der wird nicht mehr lebendig. Kein Tier und auch kein Mensch. Mit dem Tod ist alles aus. – So, jetzt lass uns reingehen, um zu frühstücken."

Opa geht ins Haus. Doch Ben klettert über den Zaun und läuft zum Auferstehungsgrab. Der Stein ist zur Seite geschoben und das Grab ist leer.

„Wenn Jesus damals wirklich auferstanden ist", überlegt Ben, „dann ist vielleicht mit dem Tod doch nicht alles aus." Er nimmt sich vor, nach dem Frühstück Lorenz und Lisa zu bitten, ihm noch mehr von Jesus und der Auferstehung zu erzählen.

Gott hat dich so geschaffen

Während Sanja mit den anderen Kindern zur Turnhalle läuft, schaut sie immer wieder zu ihrer neuen Klassenkameradin. Sie heißt Marie-Theres, ist größer als Sanja und hat goldblonde Haare, die sie immer mit Schwung über die Schulter wirft. Sanja findet die neue Mitschülerin wunderschön. Allein schon wie sie geht und was sie anhat! Einen hellblauen Rock mit Glitzergürtel und dazu ... ja dazu hat sie Schuhe mit hohen Absätzen an. Kein anderes Mädchen in ihrer Klasse trägt so hohe Schuhe.

In der Turnhalle wartet Herr Wagner, der Sportlehrer, auf die Klasse. „Heute spielen wir Völkerball", sagt er. „Bitte bildet zwei Mannschaften. Torben, du wählst die eine Gruppe und Britta die andere."

„Marie-Theres kommt in meine Mannschaft", ruft Britta sofort.

Torben schaut sich um und wählt dann seinen Freund Uli.

Abwechselnd rufen die beiden Namen auf: „Stella." – „Paul." – „Marcel." ...

„Wie immer", denkt Sanja enttäuscht. „Ich werde ganz zum Schluss aufgerufen." Und tatsächlich – als alle anderen Kinder auf die Gruppen verteilt sind, steht Sanja noch allein da.

Torben schaut gar nicht richtig zu ihr hin, als er brummt: „Dann kommt Sanja eben zu mir."

Das Völkerball-Spiel macht Sanja keinen Spaß, denn sie ist nicht besonders sportlich. Gerne würde sie genauso gut spielen können wie Britta oder wie Uli oder wie ... ja, auch wie Marie-Theres. Sanja schaut zu ihr hinüber und staunt, wie gut sie Völkerball spielen kann.

Torben stupst sie an. „Hey, Sanja, spielst du eigentlich mit oder stehst du nur rum?"

„Entschuldigung", murmelt Sanja und beginnt, wie ein aufgescheuchter Hase hin und her zu laufen.

Nach der Sportstunde zieht Sanja sich erleichtert um. Dabei beobachtet sie Marie-Theres, die vor dem Spiegel steht. Sie bürstet sich ihre goldenen Haare und wirft sie mit Schwung über die Schulter. Ein paar andere Mädchen stehen daneben und rufen „Oh!" und „Ah!" und „Du hast aber schöne Haare!"

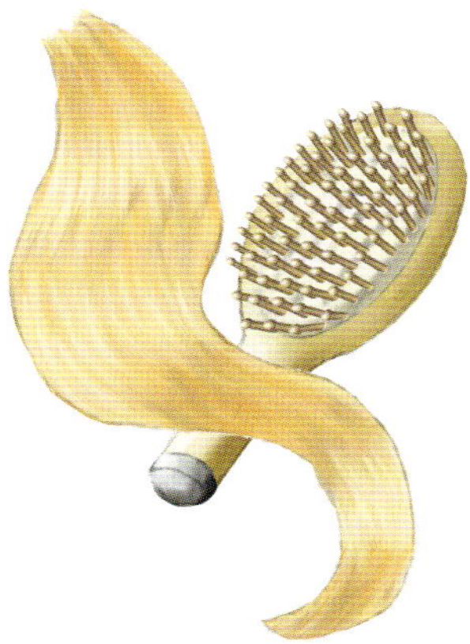

Sanja möchte auch gerne so bewundert werden. Wenn sie wie Marie-Theres wäre, hätte sie bestimmt ganz viele Freundinnen.

Auf dem Weg zum Klassenzimmer versucht Sanja, genauso zu laufen wie Marie-Theres.

„Was hast du denn?" Britta schaut sie von der Seite an. „Bist du verletzt oder warum läufst du so komisch?"

„Geht schon", murmelt Sanja und schämt sich ein bisschen. „Bestimmt liegt das nur an den Schuhen", denkt sie. „Wenn ich auch solche Absatzschuhe hätte!"

Am Nachmittag übt Sanja in ihrem Zimmer, so zu gehen wie Marie-Theres. Sie stopft sich Taschentücher in die Schuhe und stolziert damit hin und her. Dabei wirft sie ihre Haare von Zeit zu Zeit mit Schwung über die Schulter. Langsam tun ihr die

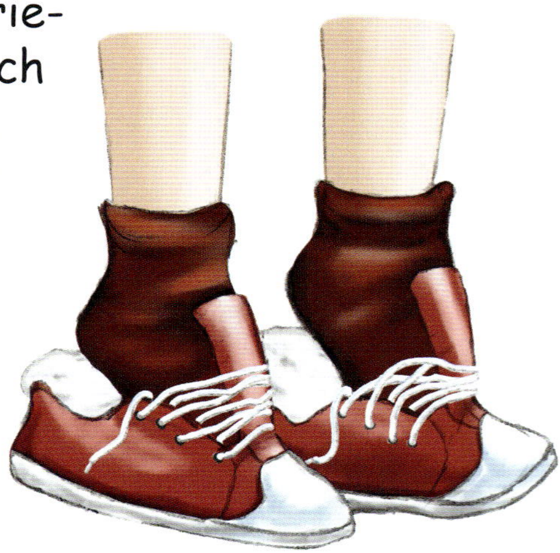

Füße weh. „So geht das irgendwie nicht", murmelt sie.

Da kommt ihr eine Idee. Mama hat doch Schuhe mit hohen Absätzen. Die sind ihr zwar zu groß, aber das ist bestimmt nicht so schlimm. Doch ob Sanja die guten Schuhe einfach nehmen darf? „Ach, es passiert schon nichts", denkt sie. „Ich werde sie nur in der Schule tragen."

Als Mama in den Garten geht, holt Sanja schnell die Schuhe aus dem Schrank. In ihrem Zimmer zieht sie sie gleich an. Wackelig steht sie in den viel zu großen Schuhen mit den hohen Absätzen vor dem Spiegel und übt, wie Marie-Theres zu laufen.

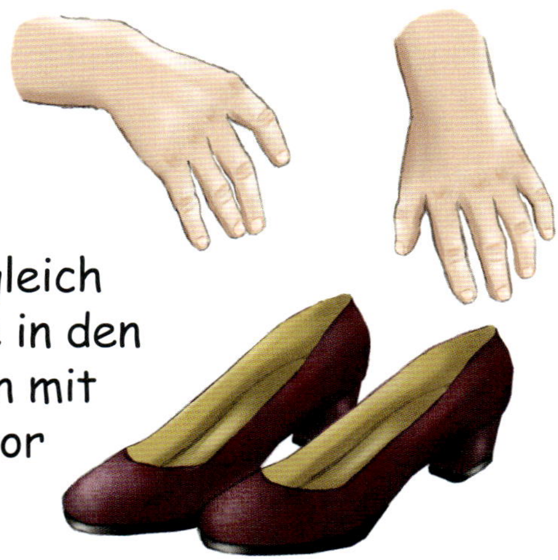

„Hoppla!" Sanja stolpert und hält sich gerade noch am Schrank fest. „Die Schuhe sind aber wirklich hoch. Doch – ich sehe schon ein bisschen wie Marie-Theres aus."

Sanja überlegt kurz, dann holt sie etwas Knete und quetscht sie vorne in die Schuhe. Sie muss kichern, denn an den Zehen fühlt es sich weich und glibberig an. „So, jetzt passen die Schuhe besser", murmelt sie. „Endlich habe ich auch hohe Schuhe."

Am nächsten Morgen zieht Sanja ihren schönsten Rock an, schlüpft in die flachen Stoffschuhe und packt Mamas Absatzschuhe in den Schulranzen. In der Schule hält sie gleich Ausschau nach Marie-Theres. Ah, da ist sie ja – umringt von anderen Mädchen. Marie-Theres wirft ihre goldblonden Haare über die Schulter und schreitet in ihren Absatzschuhen

wunderbar erwachsen in die Klasse.

Sanja huscht in die hintere Reihe auf ihren Platz. Rasch holt sie Mamas Schuhe aus dem Ranzen und zieht sie an.

„So, wer möchte diese Aufgabe vorrechnen?“ Herr Bermann, der Klassenlehrer, deutet auf die Tafel.

Sanja meldet sich eifrig, denn im Rechnen ist sie gut. Außerdem will sie ja zeigen, dass sie auch Schuhe mit Absätzen hat.

„Ja, Sanja.“ Herr Bermann winkt sie nach vorne. „Komm bitte an die Tafel.“

Sanja versucht, möglichst damenhaft in den hohen Schuhen zur Tafel zu laufen und dabei die Haare nach hinten zu werfen. Doch irgendwie will ihr das nicht so richtig gelingen. Sie läuft wie auf Eiern, kann sich nicht mehr halten und stürzt gegen das Lehrerpult, sodass Herrn Bermanns Stifte auf den Boden kullern und seine Frühstücksdose in hohem Bogen durch die Klasse fliegt.

Die Kinder lachen und quieken, Herr Bermann schimpft: „Ruhe, bitte!", und Sanja sitzt wie ein Häufchen Elend auf dem Boden. Schnell schnappt sie sich die hohen Schuhe und läuft barfuß zu ihrem Platz zurück.

„Das will ich nicht noch einmal erleben!", ruft Herr Bermann ärgerlich, während die Kinder noch immer kichern.

In der Pause versucht Sanja verzweifelt, die Knete aus Mamas Schuhen zu pulen, doch sie scheint unlösbar in den Schuhen zu kleben. Wie froh ist Sanja, als dieser Schultag endlich zu Ende ist und sie nach Hause gehen kann.

Bei Mama kann sie sich erst einmal ausweinen und ihr alles erzählen. „Es tut mir leid, Mama, dass ich deine Schuhe genommen habe und dass sie jetzt voller Knete sind", schnieft Sanja.

Mama schüttelt den Kopf. „Was hast du dir nur dabei gedacht?"

Sanja schnäuzt ins Taschentuch und antwortet leise: „Ich wollte auch so aussehen und so erwachsen gehen wie Marie-Theres."

Mama nimmt Sanja in den Arm. „Weißt du, mein Kind, ich möchte nicht, dass du aussiehst wie Marie-Theres. Ich möchte, dass du aussiehst wie meine Sanja, denn genau so habe ich dich lieb. Und genau so hat Gott dich doch geschaffen. Er hat dich ganz besonders gemacht und liebt dich so wie du bist." Sie pikt Sanja aus Spaß in den Bauch. „Wieso willst du dann jemand anders sein?"

Sanja überlegt. „Jetzt will ich gar nicht mehr Marie-Theres sein, sondern lieber wieder Sanja. Denn du sollst ja auch niemand anders sein – sondern immer meine Mama." Sie gibt Mama einen dicken Kuss und drückt sie ganz fest.